Franziska zu Reventlow

DAS FEINDSELIGE GEPÄCK

Franziska zu Reventlow

DAS FEINDSELIGE GEPÄCK

Sommererzählungen

Reclam

RECLAMS UNIVERSAL-BIBLIOTHEK Nr. 14376
2023 Philipp Reclam jun. Verlag GmbH,
Siemensstraße 32, 71254 Ditzingen
Gestaltung: Philipp Reclam jun. Verlag GmbH
Umschlagabbildung: Henri Lebasque, *Nähende Frau*, 1900 – akg-images
Druck und Bindung: EsserDruck Solutions GmbH,
Untere Sonnenstraße 5, 84030 Ergolding
Printed in Germany 2023

ISBN 978-3-15-014376-6

Auch als E-Book erhältlich

www.reclam.de

Das feindselige Gepäck

Ich weiß nicht mehr, wer eigentlich auf den Gedanken verfallen war, eine Mittelmeerfahrt zu unternehmen, und warum wir anderen darauf eingingen. Es lag durchaus kein zwingender oder besonders verlockender Grund dazu vor. Fast alle Beteiligten waren gerade schlecht bei Kasse, und man hätte zweifellos besser getan, daheimzubleiben. Aber vielleicht gerade weil so vieles dagegen sprach, setzten wir uns die Sache in den Kopf, verachteten die Ratschläge wohlmeinender Freunde und rüsteten uns zur Abfahrt.

Unser Reisemarschall, der das Unternehmen angeregt hatte, war Archäologe und viel gereist – er vertrat die Ansicht, man müsse vor allem sehr anständiges Gepäck mit sich führen, und wir unterwarfen uns blindlings seinen Anordnungen. So begaben wir uns in ein Spezialgeschäft für Reiseausrüstungen und kauften dort zwei große, flache Handkoffer aus vorzüglichem Leder, einen dunkelbraunen und einen hellgelben, ferner einen Kabinenkoffer und à Person einen Dressing-bag mit luxuriöser Inneneinrichtung. Alles erste Qualität, sehr schön und sehr teuer.

Dann versahen wir uns noch mit Feldbetten, denn wie der Archäologe meinte, könne es, zum Beispiel im Peloponnes, leicht vorkommen, dass wir im Freien übernachten müssten. Man konnte diese Betten ganz in sich zusammenschieben und so auf ein ziemlich handliches Paket reduzieren. Und zum Schluss erstanden wir einige recht bequeme Patentklappstühle, die auf den primitiven südlichen Küstendampfern sozusagen unentbehrlich sein sollten.

Der Archäologe war immer noch nicht zufrieden und kaufte noch einen ausgezeichneten amerikanischen Revolver. Er sagte, das sei unbedingt notwendig, und schwelgte schon in dem Gedanken an dramatische Abenteuer mit anatolischen Räubern.

Als das alles erledigt war, nahm unser Gepäck sich wahrhaft fürstlich und äußerst reisekundig aus, nur wir selbst passten nicht mehr recht dazu. Die Ausrüstung hatte so viel Geld verschlungen, dass für unsere Kleidung nicht viel mehr übrig blieb, wir mussten, falls wir die Reise nicht doch lieber aufgeben wollten, abfahren, wie wir eben gingen und standen, und die Koffer blieben einigermaßen leer.

In der ersten Begeisterung setzte man sich mutig darüber hinweg. Als wir dann aber das erste Mal an Bord saßen, überfiel uns eine gewisse Niedergeschlagenheit, jene spezielle Niedergeschlagenheit, die eben durch unzweckmäßige oder deplatzierte Kleidung hervorgerufen wird. Wir saßen auf unseren Patentklappstühlen, und die übrigen Effekten hatte man dicht daneben aufgestapelt. Sie sahen etwas zu neu aus, sehr elegant und wirkten durchaus, als ob sie nicht zu uns gehörten. Das wurmte uns. –

Im Laufe der Fahrt kamen wir mit einem vornehmen alten Araber ins Gespräch, und da wir Vertrauen zu ihm fassten, teilten wir ihm unsere peinlichen Empfindungen mit. Er nahm es sehr ernst damit, ja, er warnte uns geradezu vor den Koffern und meinte: nicht nur Mensch und Tier, sondern auch leblose Gegenstände hätten eine Seele, und vor Dingen, die einem wohl formell angehörten, mit denen man aber nicht in innerem Kontakt stehe, möge man ja auf der Hut sein.

Wir wurden hierdurch nachdenklich gestimmt, und mit der Zeit kam es uns wirklich vor, als ob die Sachen da vor uns so etwas wie eine Seele hätten, und zwar eine, die von bösen und rachsüchtigen Instinkten erfüllt sein könne, weil wir sie so ohne weiteres gezwungen hatten, uns zu folgen. Fremd und verächtlich sahen sie uns an, halb schadenfroh und dann wieder, als ob sie sich unserer schämten, uns für Reiseparvenüs hielten und sich nicht mit uns identifizieren wollten. Man versuchte, sie versöhnlich zu stimmen, Beziehungen anzuknüpfen, betrachtete sie mit liebevollen Blicken, lobte und bewunderte sie, aber es half nichts, und der Archäologe wurde schließlich ärgerlich. Er zankte mit Emma Müller, seiner Cousine – weil sie ihm zum Trotz heimlich eine unansehnliche, alte Plaidtasche mitgenommen hatte, dann verhöhnte er die Feldbetten, die so korrekt und zusammengeklappt dastanden, als ob sie sich nie zu einem Nachtlager hergeben würden, und gab dem gelben Handkoffer, weil er gar zu unverschämt dreinsah, einen Fußtritt, so dass er beiseiteflog und alles durcheinandergeriet. Wir erschraken und verwiesen ihm sein Benehmen, aber es war nicht wiedergutzumachen.

Als wir das Schiff verlassen hatten und im Hotel unser Gepäck überzählten, fehlten vier Stück – nämlich die Patentklappstühle. Wir hatten bis zum letzten Moment an Bord gesessen und dann in der Eile vergessen, dass sie unser Eigentum waren. Es war sehr ärgerlich, aber wir schoben es auf unsere Nachlässigkeit. Bald darauf verließen uns auch die Feldbetten. Wir machten einen Ausflug, fanden programmmäßig kein Nachtquartier und wagten es zum ersten Mal, sie herzurichten und uns darauf auszustrecken. Man schlief wider Erwarten ausgezeichnet und begab sich morgens an einen etwas entfernten Bach, um sich zu waschen. Als wir zurückkehrten, waren die Betten verschwunden und mit ihnen die Dressing-bags, denen wir nur die notwendigsten Toilettengegenstände entnommen hatten. Nur Emma Müllers geschmähte Plaidtasche war zurückgeblieben. Wir nahmen an, dass die Sachen gestohlen worden seien, es war ja auch unverantwortliche Nachlässigkeit, sie auf freiem Felde liegen zu lassen. Der Archäologe lag den ganzen Tag mit seiner Schießwaffe auf der Lauer, aber die etwaigen Diebe ließen sich nicht sehen. Wir bekamen überhaupt keinen Menschen zu Gesicht, auf den man hätte schießen können.

Die anderen Sachen waren in der nächsten Stadt geblieben, wir fanden sie unversehrt wieder und behüteten sie jetzt mit Argusaugen. So reisten wir weiter, vergnügten uns und waren ganz zufrieden. Aber die Beziehung zwischen unserem Gepäck und uns gestaltete sich keineswegs herzlicher – im Gegenteil, denn wir sahen bei dem vielen Herumfahren allmählich so heruntergekommen aus, dass es uns völlig ignorierte und bei jeder Gelegenheit tat, als ob es uns nicht gehörte. Kommissionäre und Portiers betrachteten uns mit Misstrauen, umso mehr, weil unsere Gepäckstücke so unwahrscheinlich leicht waren. Wir stiegen nur in guten Hotels ab, in der Hoffnung, man möchte uns für angesehene Persönlichkeiten halten, die sich eine scherzhafte Verkleidung erlaubten. Vielleicht tat man es auch, aber diese Lebensweise ging über unsere Verhältnisse. Wir beschlossen, die Rückreise anzutreten, und fuhren nach Italien hinüber. Kaum hatten wir die Küste erreicht, als unter dem Gepäck eine förmliche Meuterei ausbrach. Sie begann damit, dass der dunkelbraune Handkoffer beim Ausbooten über Bord sprang – – (oder fiel, wie man es nehmen will). Es war finstere Nacht und keine Möglichkeit, ihn wiederzubekommen.

Wenige Stunden später mussten wir uns auch noch von dem Kabinenkoffer trennen, zu dem wir immer noch das meiste Vertrauen hatten, weil er so ehrenhaft und solide aussah. In dem versunkenen hatte sich eine Brieftasche mit Geld befunden, das war nun fort, und wir hatten nicht mehr genug bei uns, um die Billetts zu bestreiten. So mussten wir es immerhin noch als glücklichen Zufall ansehen, dass ein hochherziger Spediteur aushalf und als Pfand eben den Kabinenkoffer zurückbehielt.

Den gelben gaben wir als Passagiergut auf und freuten uns hämisch, als er, wehrlos mit entstellten Zetteln beklebt, abgeschleppt wurde. Nur Emma Müllers Plaidtasche kam mit ins Coupé, von der hatte man anscheinend nichts zu befürchten.

Es erwies sich denn auch, dass wir wenigstens diesmal umsichtig gehandelt hatten. Man hatte eben die Grenze erreicht, als ein Polizeibeamter von Waggon zu Waggon ging und sich erkundigte, wer einen gelben Lederkoffer, gezeichnet T. T., aufgegeben habe. Wir wurden blass und rot, aber einmütig verleugneten wir ihn, denn uns ahnte neues Unheil.

Nachher erfuhren wir denn auch, dass er beim Verladen an irgendeiner Station explodiert war, das heißt, nicht eigentlich explodiert, sondern ein darin befindlicher Revolver war losgegangen. Dabei war ein Bahnbediensteter verletzt worden, und nun fahndete man nach dem Besitzer, um ihn dafür verantwortlich zu machen.

Natürlich war es der Revolver des Archäologen – er hatte ihn beim Packen noch rasch mit hineingeworfen, da er meinte, ihn jetzt nicht mehr nötig zu haben.

Hatte nun der Revolver sich rächen wollen, weil er nie zu Schuss gekommen war – wollte der heimtückische gelbe Koffer, gleich seinem dunklen Bruder, Selbstmord begehen, um uns zu schaden – oder sollte er uns gar nach dem Leben getrachtet haben?

Bei diesem letzten Gedanken überlief uns noch nachträglich ein kalter Schauer, und lebhaft gedachten wir des alten Arabers und seiner warnenden Worte.

Emma Müllers Plaidtasche war das einzige Gepäckstück, das wir wieder mit nach Hause brachten, und sie wurde fortan in hohen Ehren gehalten.

Das Logierhaus zur schwankenden Weltkugel

Wir fanden ihn, nämlich Hieronymus Edelmann, auf einer spanischen Insel vor, wo er schon seit Jahren sein Wesen trieb. Wie er dahingekommen war? – Gott, wie man eben irgendwohin kommt, dachten wir anfangs. Und später wussten wir überhaupt nicht mehr, was von der Sache zu halten sei.

Jedenfalls war er jetzt da, und keiner von uns war in der Lage gewesen, sich seiner Bekanntschaft zu entziehen.

Er pflegte, sobald ein Schiff ankam, an Bord zu erscheinen, nach Landsleuten oder anderen Fremden auszuspähen und ihnen dann ungesäumt seine Visitenkarte zu überreichen. Diese Visitenkarte bestand aus seiner Fotografie in Postkartenformat mit der schön stilisierten Unterschrift: Hieronymus Edelmann, und wirkte durch ihre von allem Hergebrachten abweichende Beschaffenheit etwas verwirrend, umso mehr, als die Fotografie ihm durchaus nicht ähnlich sah. Sie war auch nicht nach der Natur aufgenommen, sondern, wie er sofort erläuterte, nach einem gemalten Porträt aus früheren Jahren, welches ihn mit mäßig entwickeltem Bart und in einem auffallend karierten Anzug darstellte, so auffallend kariert, dass der Beschauer alle weiteren Einzelheiten, wie zum Beispiel die Gesichtszüge, erst in zweiter Linie zu erfassen vermochte. Der Anzug war sicher schon längst aufgetragen oder ausrangiert, und sein Besitzer hatte sich inzwischen einen ungeheuren roten Bart wachsen lassen, der fächerförmig zugeschnitten war. Die einzige Ähnlichkeit bestand nunmehr in einem schwarz gefassten Monokel, von dem er sich niemals trennte und das der Porträtist mit peinlicher Naturtreue versinnbildlicht hatte.

So kam es, dass der Ankommende ohne Ausnahme im ersten Moment etwas stutzig wurde und ratlos dastand. Hieronymus aber wusste sofort Rat, blickte ihn siegreich durch sein Monokel an und brachte die Bekanntschaft durch einige aufklärende Worte weiter ins Rollen.

Er bemerkte, dass er schon lange hier lebe und mit besonderem Vergnügen allen neuen Gästen behilflich sei, sich zu orientieren. – Ob man schon ein Hotel gewählt habe? Nein? Nun, dann könne er das Logierhaus »Zur schwankenden Weltkugel« unbedingt empfehlen, wo er selbst wohne und man gut untergebracht sei.

Das Resultat war fast immer das gleiche – noch halb betäubt von der Seefahrt, überwältigt von der außerordentlichen Erscheinung und Handlungsweise dieses Herrn, büßte man jede weitere Selbstbestimmung ein und endete im Logierhaus »Zur schwankenden Weltkugel«.

Dort angelangt, fuhr Hieronymus Edelmann in der gleichen überzeugenden Weise fort, sich zu betätigen, stellte neu angekommene und schon vorhandene Gäste einander vor, und zwar geschah das so, dass jeder den anderen für einen alten Bekannten des gemeinsamen Schutzpatrons hielt und der Verkehr von vornherein unter falschen Voraussetzungen begann.

Überhaupt entwickelte sich hier alles unter mehr oder minder falschen Voraussetzungen. Das Logierhaus selbst war ein ziemlich fragwürdiger Aufenthalt – eine zweistöckige alte Baracke mit giebelartigem Aufbau, stand es am Abhang unweit des Meerufers und hatte infolge irgendwelcher Terraineigentümlichkeiten die Gewohnheit, von Jahr zu Jahr tiefer einzusinken, so dass die Fenster des Erdgeschosses sich immer mehr dem Boden näherten. Uns konnte das ja gleichgültig sein, denn wir gedachten nicht ewig hierzubleiben, aber der Besitzer, ein vierschrötiger Holländer mit schiefen blauen Augen, umkreiste das Gebäude des Öfteren mit sorgenvoller Miene und konstatierte dann, seit letztem Frühjahr sei es wieder um einige Zoll gesunken.

Wir, die Opfer des Hieronymus, bewohnten im linken Flügel, den wir selbstbewusst das Europäerviertel nannten, das Parterre. Über uns hauste ein älterer Franzose, Monsieur Mouton, der das bescheidene Hafenstädtchen behandelte, als ob es Paris sei. So kam er nie vor drei Uhr nach Hause, schlief dann bis zum Nachmittag, worauf er in den Garten herunterkam und hinter seinem »Matin« verschwand, bis die Stunde des Aperitif heranrückte. Dann ging er wieder in die Stadt, flanierte und trank Absinth. Außerdem besaß er einen lebenden Ameisenbär, der ihn auf Schritt und Tritt begleitete. In derselben Gegend des Hauses gab es noch eine betagte Amerikanerin, die, wie man allgemein annahm, ebenfalls alkoholischen Sitten huldigte. Auch sie ging gerne abends aus; wie sie behauptete, um einen ihr verwandten Lord zu besuchen, der hier eine Villa bewohnte. Bei der Rückkehr kam es häufig vor, dass sie sich mitten auf der Treppe niederließ und erklärte, sie habe das Recht zu sitzen, wo sie wolle. Wurde das aus Gründen der Verkehrsstörung bestritten, so wich und wankte sie nicht, und es kam zu lebhaften Szenen zwischen ihr und dem Hauspersonal. Der linke Flügel oben war in geheimnisvolles Dunkel gehüllt, hatte einen abgetrennten Vorplatz, eine besondere Treppe nach der Gartenseite, und man wusste nicht recht, was dort vorging.

Und zuletzt, zuoberst, hoch über alledem in den Giebelräumen lebte und wirkte Hieronymus Edelmann.

Er hatte alle möglichen Interessen, unter anderem auch zoologische, und schwärmte für seltene oder absonderliche Tiere. Stundenlang konnte er sich in seinen Brehm vertiefen und sich in Wünschen ergehen, dieses oder jenes Ungeheuer zu besitzen und durch Züchtungsversuche noch seltsamere Exemplare zu erzielen. Einstweilen war ihm das noch nicht geglückt, er beschränkte sich also darauf, in einem Schuppen neben dem Gartenhaus Meerschweine zu halten und Monsieur Mouton glühend um seinen Ameisenbären zu beneiden. Immerhin erwartete er auch von seinen Meerschweinchen mehr, als man im Allgemeinen von solchen zu erwarten pflegt. Er stellte nämlich die Theorie auf, wenn man ihnen volle Freiheit ließe, würden sie sich vielleicht zu einer ganz neuen Art entwickeln und eventuell sogar mit anderen Tieren kreuzen. Sie rannten deshalb frei im Garten herum, man stolperte beständig über sie, aber sie veränderten sich nicht im mindesten, blieben immer unter sich und brachten nur wieder ganz gewöhnliche Meerschweinchen zur Welt.

Aus diesen und anderen Einzelheiten ersah man bald, dass ihm ein unruhiger und phantastischer Geist innewohnte, und da, außer den Meerschweinchen, ihn schon manches andere enttäuscht haben mochte, sann er auf immer neue Wege, sich schöpferisch zu betätigen. So hatte er sich hier auf dieser Insel niedergelassen und das Logierhaus »Zur schwankenden Weltkugel« zu seinem engeren Wirkungskreise erwählt. Er war sozusagen die Seele des Hauses, organisierte durch ständiges persönliches Eingreifen den Fremdenverkehr und in gleicher Weise das tägliche Leben zwischen den sinkenden Mauern, organisierte die persönlichen Beziehungen, die infolge seiner Organisation entstanden, sowie die Beziehungen zwischen dem Wirt und den Gästen. Seine lange, etwas schlottrige und ziemlich nachlässig bekleidete Gestalt mit dem ungeheuren, fächerförmigen Bart und niemals ohne Monokel, fuhr je nachdem die Treppen hinauf oder hinunter, erschien in unserer Mitte oder verschwand daraus und stürzte hastigen Schrittes nach dem Hafen, sobald ein Schiff sich näherte. Bei schlechtem Wetter umgürtete er sich zu diesem Zweck mit einem unwahrscheinlich kurzen Lodencape, das ihm nur bis an die Hüften reichte, und schlug sich ein winziges mesquines Hütchen auf den Kopf – bei Sonnenschein dagegen einen Tropenhelm, wie überhaupt die Einzelheiten seiner Toilette eine gewisse wilde Dissonanz ergaben, deren er selbst sich wohl nicht bewusst war.

Als nun unsere Zahl auf etwa sechs Personen verschiedenen Geschlechts angewachsen war und keine weiteren Fremden ankamen, veranstaltete Hieronymus Edelmann eine Art Sitzung, um uns in einen seiner Lieblingspläne einzuweihen. Da war eine barmherzige Schwester und ein junger Kaufmann, die beide aus Afrika kamen, um sich von dem dortigen Klima zu erholen, da war ein Assistenzarzt mit angegriffener Lunge, welcher ebenfalls Erholung suchte, ferner ein Herr aus Bacharach am Rhein, den der junge Kaufmann dieser Herkunft halber »den Loreley« getauft hatte, und eine kleine Turnlehrerin, die man das Trapezmädel nannte.

Es war Abend, wir saßen im Garten um einen großen, runden Tisch mit Windlichtern, wehrten uns gegen die vielen Mücken, und Hieronymus Edelmanns Monokel blitzte überzeugend durch die Nacht, während er eine zündende, aber etwas konfuse Ansprache hielt. – Ja, er gedachte, wie das in unserem Jahrhundert üblich geworden, auch an seinem Teile zur Veredlung des Menschtums und der Lebensführung beizutragen, und meinte einen guten Modus dafür gefunden zu haben. Es galt vor allem, die geeigneten Menschen zu finden und Beziehungen zwischen ihnen herzustellen. Hier habe er schon vorgearbeitet, indem er einem Korrespondenzverein beigetreten sei und uns alle ebenfalls als Mitglieder angemeldet habe. Die Zwecke des Vereins seien ursprünglich rein praktische gewesen – wechselseitige Auskünfte über die Lebensbedingungen an diesem oder jenem Ort, berufliche und andere Fragen. Dann aber hatte Hieronymus organisatorisch eingegriffen und das Gebiet erweitert, so dass jetzt auch Ansichten, Meinungen, persönliche, erotische und dergleichen mehr unter den Mitgliedern erörtert wurden. Er selbst zum Beispiel korrespondierte mit einer stellenlosen Gesellschaftsdame in Sevilla über freie Liebe und hatte sie bereits von der Notwendigkeit dieser

Institution überzeugt ... Eben jetzt wolle er nach dem Festland fahren, sie persönlich kennenlernen und womöglich mit hierherbringen. Sein Monokel strahlte bei diesem Gedanken, und er ließ uns immer tiefer Einblicke in seine Ideenwelt tun. Der Verein, ja der Verein sei eigentlich nur Mittel zum Zweck. Er brauche ein großes Menschenmaterial, um eine engere Auslese zu treffen und dann – es fielen einige bedenkliche Worte: Freiheit, Schönheit, Ausleben, die in seinem Munde doppelt beängstigend wirkten – kurz, er wollte in diesem Sinne einen Bund gründen, der sollte »Der Flammenbund« genannt werden und allen Beteiligten ungemeines Vergnügen bereiten.

Nachdem er geendet, sah er sich Beifall und Zustimmung heischend im Kreise um, äußerte noch, er habe bereits mit dem Wirt gesprochen, um einen Teil des Hauses für seine Zwecke zu mieten, hieb sich dann den Tropenhelm aufs Haupt und enteilte zum Hafen, um seine Reise aufs Festland anzutreten. Es war soeben gemeldet worden, das Schiff fahre statt morgen schon heute Nacht ab.

Die Statuten des Korrespondenzvereins hatte er uns zurückgelassen. Wir ersahen daraus, dass der Verein tatsächlich existierte. Da war vor allem eine Liste der

Mitglieder, neben jedem Namen eine Reihe von kabbalistischen Zeichen – Strichen, Kreuzen, Sternen usw. Verstand man diese, so wusste man sofort, wofür das betreffende Mitglied sich interessierte, was es wünschte und erstrebte. Auf einem Fragebogen, der jedem Neueintretenden zur Ausfüllung zuging, wurde das näher erläutert. Da wurde zum Beispiel gefragt, mit wem man zu korrespondieren wünsche – mit Herren? mit Damen? – oder mit beiden? – Und worüber? Wofür man sich in erster oder auch in zweiter Linie interessiere? Etwa für Philosophie? – Ethik? – Nacktkultur? – Los-von-Rom-Bewegung? Friedensbestrebungen? Reform der Ehe? – Wandervogelbewegung? und so fort – eine Fülle von hübschen und anregenden Dingen.

Seufzend legten wir das Zeug aus der Hand und gingen schlafen.

Am folgenden Morgen fanden wir uns zum ersten Mal ohne Hieronymus am Frühstückstisch zusammen, und die nächste Folge war, dass wir uns gegenseitig erstaunt und verlegen betrachteten. Wir hatten schon eine ganze Woche zusammengelebt, uns Spitznamen gegeben, wir bildeten eine Art Familie, aber das alles schließlich doch nur, weil Hieronymus Edelmann sich unserer bemächtigt und uns organisiert hatte. Solange er da war, hatte man das als selbstverständlich hingenommen, aber jetzt, heute, wo wir unter uns waren, empfanden wir auf einmal die ganze Unwahrscheinlichkeit der Situation. »Wer um Gottes willen ist denn eigentlich dieser Hieronymus?«, so fragte sich jeder im Stillen, »und wer sind wir? – Was haben wir miteinander zu tun?«

Die gute Schwester Hildegard aus Afrika, der gestern Abend allerhand moralische Bedenken aufgestiegen waren, obwohl sie sicher nicht alles verstanden hatte, brach den Bann und begann zu fragen. Gesellschaftliche Skrupel kannte sie nicht, sondern war nur um ihr Seelenheil besorgt, und das schien ihr gefährdet, wenn Hieronymus wirklich die stellenlose Gesellschaftsdame mitbrachte. So fragte sie nach seinem Vorleben, nach allem Möglichen, und es stellte sich heraus, dass keiner von uns ihn je zuvor gesehen, bisher aber jeder den anderen für seinen alten Bekannten gehalten und sich darüber gewundert hatte.

Man fühlte sich ja ein wenig blamiert, aber zugleich sehr erleichtert.

Doktor Gräber, der Assistenzarzt, schlug sich vor die Stirn:

»Wie konnte das nur geschehen, verehrte Anwesende? – Wie ein verschlagener Zauberer hat er uns ins Netz gelockt. – Wir kamen her, um uns zu erholen oder zu vergnügen, aber doch nicht ...«

»Um unter schrecklichen Strapazen Flammenbünde zu gründen«, ergänzte der Loreley.

»Pfui, dieser Flammenbund«, sagte die Schwester mit einem Seitenblick auf das Trapezmädel. Das aber lachte nur.

»Mitglieder des Korrespondenzvereins sind wir schon«, seufzte der junge Kaufmann.

»Wir wohnen miserabel«, fuhr Doktor Gräber fort. »Erst gestern hat unser Hauswirt wieder mit einem Ingenieur darüber gesprochen, dass die Mauer gestützt werden müsse. – Im linken Flügel oben wird die halbe Nacht Grammophon gespielt – Gott weiß, was da überhaupt alles logiert ...«

»Oh, ich glaube, da fängt der Flammenbund schon an«, rief das Trapezmädel. »Herr Edelmann geht oft hinüber, und mich hat neulich auf der Hintertreppe ein Herr in den Arm zwicken wollen.«

»So, und was hatten Sie denn auf der Hintertreppe zu tun?«, fragte der Loreley strafend, und die Schwester war aufrichtig erschrocken. Ja, sie hätte überhaupt das

Gefühl, als ob dieses Haus ein etwas bedenklicher Aufenthalt sei.

Längeres Schweigen, dann nahm wieder der Assistenzarzt das Wort:

»Meine Herrschaften, wir sind hier allem Anschein nach, wie es sonst nur schutzlosen, alleinreisenden Mädchen passiert, in eine etwas zweifelhafte Atmosphäre geraten, und wer weiß, wo das alles noch hinausläuft ...«

»O Gott«, sagte das Trapezmädel, »wenn das meine Eltern wüssten. Ich habe ihnen gerade geschrieben, ich hätte hier so netten Anschluss gefunden.«

»Und meine Oberin« – rief die Schwester – »nein, hören Sie, Herr Doktor, ich ziehe heute noch aus. – Ich kann doch unmöglich in meiner Schwesterntracht ...«

»Wir ziehen alle aus«, erklärte der Loreley ritterlich, »wir andern werden die Damen doch nicht im Stich lassen. Und abgesehen von allem andern bietet unser Logierhaus ›Zur schwankenden Weltkugel‹ wirklich etwas zu wenig Komfort. Hätten wir uns nur nicht – aber das ist jetzt nicht mehr zu ändern.«

Gesagt, getan, die Tafel wurde aufgehoben, und wir gingen sofort daran, unseren Auszug zu organisieren. Es gab eine bittere Auseinandersetzung mit dem dicken

Holländer, dann begaben wir uns, von zwei Gepäckträgern gefolgt, geraden Wegs nach dem ersten Hotel der Stadt, erfuhren jedoch, dass alles besetzt sei. Es gab noch zwei weitere Hotels geringeren Ranges, aber überall wurde uns derselbe Bescheid. Als sich der gleiche Vorgang auch noch in einer Familienpension wiederholte, dämmerte uns eine furchtbare Ahnung auf. Wir waren hier in dem kleinen Ort längst als Gäste der »Schwankenden Weltkugel« bekannt, und nur das konnte der Grund sein, weshalb man sich so ablehnend verhielt. Unsere Wanderung erregte inzwischen einiges Aufsehen, man folgte uns, wenn wir weitergingen, stand um uns herum, wenn wir haltmachten.

Was nun? Vielleicht eine Privatwohnung? Um den neugierigen Blicken zu entgehen, ließen wir unsere Träger an einer Ecke warten und bogen in die Seitenstraßen ein. Hier nun sahen wir fast über jeder Tür eine viereckige Papptafel mit der Inschrift: *Hay viruelas!* Was *viruelas* bedeutete, wussten wir nicht, nahmen aber an, es handle sich um Zimmer, die hier zu vermieten wären, und drangen mutig in das nächste Gebäude ein. Eine dicke Frau erschien und bedeutete uns mit geradezu entsetzten Gebärden, es sofort wieder zu verlassen. Nun wurde es uns aber doch zu dumm. Wir schrien wütend: *camera*, *chambre*, Zimmer – sie schrie: *viruelas* und tupfte sich dabei auf Gesicht und Hände, als ob sie nicht recht bei Verstand sei. Gut, also *viruelas* – sie sollte uns nur ihre *viruelas* zeigen, vielleicht waren es doch Zimmer, und wir wollten mit allem vorliebnehmen. – Mit einer resignierten Gebärde stieß sie schließlich eine Tür auf und wies auf einen Kranken, der im Bett lag. Doktor Gräber und die Schwester traten näher und wurden plötzlich sehr still. »Gott im Himmel«, sagte Gräber, »der Mann hat die Blattern. *Viruelas* heißt natürlich Blattern, und die Plakate sind zur Warnung aufgehängt. Rasch hinaus, meine Herrschaften.«

Wir verließen das Haus nun ohne weiteres Widerstreben und standen im wahren Sinne des Wortes obdachlos auf der Straße. Da man uns auch hier gefolgt war und den Vorgang beobachtet hatte, würden wir in der ganzen Stadt kein Quartier mehr finden. Es blieb nichts übrig, als immer noch gefolgt von den beiden Packträgern und einer nicht unbeträchtlichen Menschenmenge in das Logierhaus »Zur schwankenden Weltkugel« zurückzukehren und dem dicken Mynheer zu erklären, wir hätten uns die Sache inzwischen anders überlegt. Er empfing uns mit schlecht verhehlter Schadenfreude und meinte, die Mauern würden sich wohl noch eine Zeitlang halten. Es war nur ein Glück, dass er von unserem Irrtum mit den *viruelas* nichts wusste.

Unser Doktor stürzte noch am gleichen Tage zu einem der einheimischen Kollegen und bestand darauf, dass wir uns alle impfen ließen. Nur die Schwester wollte nichts davon wissen und sagte, ihr Leben stände in Gottes Hand. Dass sie wieder im Logierhaus wohnen sollte, beunruhigte sie weit mehr. Sie trug auf unseren Rat von jetzt an Zivil, und der junge Kaufmann versprach ihr, in Afrika nichts davon zu erzählen. Und auf das Trapezmädel hatte man ein wachsames Auge, damit es sich nicht wieder auf die Hintertreppe verirrte.

Außerdem gedachten wir so bald als möglich das gastliche Eiland zu verlassen und einen anderen Ort aufzusuchen. Nur die Wahl dieses Ortes war noch die Frage.

Mit Karten und Reisebüchern saßen wir am nächsten Nachmittag im Garten unter den Palmen, als Monsieur Mouton, der alte Franzose, mit seinem Ameisenbär herunterkam, sich in unserer Nähe niederließ und, anstatt seinen *Matin* zu lesen, ein Gespräch anknüpfte. Ah, wir wollen also fort? – und weshalb denn, wenn man fragen durfte? – »*eh bien, nous verrons*, Sie sind nicht die Ersten, die wieder fortwollten – – aber man kann nicht, man kommt nicht wieder weg.«

»Aber warum denn nicht, – wir würden einfach abreisen und basta. Kein Mensch konnte uns daran hindern.«

»Nein, Menschen gewiss nicht, aber –« Mouton senkte die Stimme und fuhr in geheimnisvollem Ton fort: »nach seinem Dafürhalten gehe es hier nicht mit rechten Dingen zu. Dieser Hieronymus sei kein Mensch wie wir anderen, sondern ein Gespenst, ein Revenant. Er sähe aus wie ein Gespenst, schnitte sich den Bart wie ein Gespenst – denn welcher Mensch aus Fleisch und Blut käme wohl auf den Gedanken, einen fächerförmigen Bart zu tragen?«

Und seine Art, sich an die Leute heranzumachen, beständig zu organisieren, wo eigentlich gar nichts zu organisieren war, kurz seine ganze Handlungsweise sei durchaus gespenstisch ... Er tue nichts Schlimmes, Gott bewahre, er glaubte eher die anderen zu beglücken, aber es komme immer ein Unheil dabei heraus. Jetzt zum Beispiel mache er eine umständliche Reise nach dem Festland hinüber, um ein Krokodil zu kaufen.

Ein Krokodil? Wir dachten eine stellenlose Gesellschaftsdame ... Nein, ein Krokodil – Monsieur Mouton wusste es ganz bestimmt – »aber Gott weiß, was für Spuk er damit treiben wird« – der alte Herr warf einen bekümmerten Blick auf den Ameisenbär, der sich teilnahmslos an einer Palme scheuerte. »*Oui, Oui, Oui, m'ssieurs, mesdames, c'est un revenant.*«

Wir mussten zugeben, dass wir auch schon Ähnliches empfunden hatten, ohne uns darüber klar zu sein, aber wir glaubten nicht an Revenants, und wir würden abreisen, ehe er mit dem Krokodil – oder der Gesellschaftsdame – zurückkam.

Mouton lächelte skeptisch. In diesem Augenblick kam der dicke Holländer in den Garten, in Begleitung eines Herrn. Er warf uns einen misstrauischen Blick zu, dann gingen beide um das Haus herum, beklopften die Mauer und sprachen eifrig miteinander.

»Das ist der Ingenieur«, sagte Mouton, »ah, diese Schurken!«

Und auf unser Befragen – denn wir interessierten uns allmählich lebhaft dafür – erklärte er uns, das Haus sinke, weil der Boden zu locker sei. Unter der lockeren Schicht aber war Felsen; wenn nun die Mauer so weit sank, dass sie auf den Felsen stieß, musste sie einknicken und in sich zusammenfallen. – »Ah, diese Schurken!« Der Anblick der beiden Herren regte ihn sichtlich auf, er wurde immer mitteilsamer und erzählte uns seine ganze Leidensgeschichte. Er war hergekommen – wie wir – von Hieronymus empfangen, überwältigt und in das Logierhaus eingeführt worden – wie wir. Er wurde, ehe er sich's versah, Mitglied des Korrespondenzvereins und für den Flammenbund angeworben – wie wir – hier seufzte er schwer, bemerkte, er sei eben ein einsamer alter Mann, und schien etwas zu verschweigen. – Ja, und dann hatte er dem dicken Mynheer eine große Summe geliehen, angeblich um die »Schwankende Weltkugel« im Gleichgewicht zu erhalten. Aber sowohl die baulichen Maßnahmen wie die Rückzahlung seines Kapitals wurden immer wieder hinausgeschoben – so war er hiergeblieben und zahlte keine Pension mehr, um wenigstens etwas auf seine Kosten zu kommen.

Ebenso oder ähnlich war es der Amerikanerin ergangen – daraus leitete sie auch das Recht her, auf der Treppe zu sitzen und den Betrieb zu stören, wenn es ihr gerade einfiel. Ja, Mynheer wisse es schon so einzurichten, dass seine Gäste blieben – bis ihnen einmal das Dach über dem Kopf einstürzen würde. – Und wieder kam er darauf zurück, es gehe hier nicht mit rechten Dingen zu, man würde verhext und täte Dinge, die einem sonst nicht in den Sinn kommen würden.

Es gewann den Anschein, als sollte er recht behalten, denn Schwester Hildegard erkrankte an den Blattern, und es lag auf der Hand, dass wir sie nicht alleine hier zurücklassen konnten. Das ominöse Plakat hing nun auch über unsrer Tür. Mynheer grollte fürchterlich, dass wir sein Haus erst verlassen und dann verseucht hätten. Wir wurden gemieden und miserabel bedient, man brüllte uns alle möglichen Vorwürfe und Beleidigungen durch das Haustelefon zu, und wir suchten sie auf dem gleichen Wege zu entkräften oder zu widerlegen. Wurde das für beide Teile zu ermüdend, so machte sich auch wohl der Widerpart im Garten bemerkbar – wir erschienen am Fenster, und man setzte das anregende Gespräch mit erhobener Stimme und feindseligen Gesten fort.

Inzwischen kehrte Hieronymus zurück und brachte sowohl das Krokodil wie die stellenlose Gesellschaftsdame und einige Wüstenspringmäuse mit. Monsieur Mouton teilte uns entrüstet durchs Telefon mit, es habe gleich nach seinem Ameisenbär geschnappt, aber dennoch sei es sympathischer wie die Dame. Sie wohnte vorläufig noch im Hotel, und man richtete das Gartenhäuschen für sie ein, da sie der Ansteckung wegen das Haus nicht betreten wollte.

Wir lagen den ganzen Tag im Fenster, es war wie ein Guckkasten für uns, immer wieder gab es etwas Neues zu sehen. Wir sahen, wie Mouton sich mit dem Hauswirt zankte oder mit seinem Ameisenbären promenierte, sahen, wie Hieronymus Edelmann mit fieberhaftem Eifer seine Menagerie und die Unterkunft der stellenlosen Dame organisierte. Für das Krokodil ließ er eine Extrabehausung mit Schwimmbassin bauen, bis die fertig war, wohnte es in einer großen Kiste. Man hatte ihm ein Halsband angelegt, und ein paarmal am Tage führte er es auf den Kieswegen spazieren, entweder, weil er dachte, dass etwas Bewegung an der frischen Luft ihm zuträglich sei oder nur um Mouton zu ärgern, der für seinen Ameisenbären zitterte und ihn jetzt ebenfalls an die Leine gelegt hatte, um ihn zu schützen. Zum Zeitunglesen kam er vor lauter Aufregung überhaupt nicht mehr. Wir sahen, wie er sein gerüsseltes Ungeheuer ängstlich an sich zog, während Hieronymus mit dem seinen herrisch den Weg hinabkam und durch das Monokel jede seiner Bewegungen kontrollierte, denn es schnappte manchmal nach seinen Beinen.

Auch die Amerikanerin kam öfters herunter und

fand das Krokodil: *lovely*, während sie dem Ameisenbären keinerlei Beachtung schenkte. Sie und Mouton waren geschworene Feinde, wahrscheinlich weil sie sich gegenseitig durch ihre Räusche und ihr spätes Nachhausekommen störten. Und aus dem verdächtigen Flügel links oben schauten des Öfteren neugierige Gesichter herab.

Wir sahen auch, wie die Wüstenspringmäuse in einem großen Käfig angeschleppt wurden und Hieronymus sich bemühte, sie zu einem harmonischen Zusammenleben mit seinen Meerschweinchen zu veranlassen. Das schlug vollständig fehl, die Springmäuse hüpften in tollen Sätzen zwischen den zu Tode erschrockenen Meerschweinen herum, und man musste sie wieder trennen, was ebenfalls keine leichte Aufgabe war. Hieronymus aber holte einen Band Brehm aus dem Giebel, ließ sich damit auf einer Gartenbank nieder und rief mit Stentorstimme zu uns hinüber: die Wüstenspringmaus lasse sich mit leichter Mühe zähmen und sei dann ein possierliches Haustier. Er wolle den Versuch machen, ob wir nicht meinten, dass die Gesellschaftsdame Spaß daran haben würde?

»Wohl möglich«, schrien wir zurück, »wir haben noch nicht das Vergnügen, die Dame zu kennen.«

»Und Schwester Hildegard – wie es ihr ginge? – vielleicht würde es sie amüsieren …«

»Nein«, brüllten wir förmlich, sie sei zwar in der Besserung, aber Springmäuse seien noch zu anstrengend für sie.

Das kränkte ihn, und nun fiel ihm ein, dass er noch einiges gegen uns auf dem Herzen habe.

Es war während seiner Abwesenheit eine wahre Hochflut von Briefen an uns eingelaufen, nicht etwa von unseren Freunden und Verwandten, sondern von wildfremden Menschen. Unseren sämtlichen Vereinsbrüdern stand ja das Recht zu, uns ungestraft mit Schriftstücken zu bombardieren, und sie machten ausgiebigen Gebrauch davon. Schelmische Wandervögel fragten an, ob sie bei nächster Gelegenheit ihren Flug hierher richten dürften und man bereit sei, sie zu beherbergen und zu atzen – eine Dame klagte dem Loreley, der ein ausgesprochener Weiberfeind war, dass sie sich einsam fühle – ein Handlungsreisender erkundigte sich bei der Schwester nach guten Hotels und erwähnte dabei, er sei in den besten Jahren und sehr lebenslustig – eine Gesellschaft für Nacktkultur wünschte ein Terrain zu mieten, wo man Hütten bauen und sich unter südlichem Himmel in schönen Bewegungen üben könne – noch andere wollten alles Mögliche und unterrichteten uns aufs Genaueste über ihre Lebensverhältnisse, Neigungen und Gefühle, in der sicheren Zuversicht, ein Echo zu wecken. – Einen vollen Tag hatten wir alle dagesessen und zum Teil recht grobe Antworten geschrieben, um die Leute in ihre Schranken zurückzuweisen.

Jetzt aber stand Hieronymus Edelmann in seiner ganzen Länge da und richtete zornig sein Monokel gegen uns:

Was uns denn eingefallen sei, den Verein so vor den Kopf zu stoßen? Man habe sich bereits bitter bei ihm beschwert. Und im nächsten Monat würden verschiedene Mitglieder hierherkommen, wunderbare Dinge würden sich dann ergeben – die stellenlose Gesellschaftsdame habe sich schon bereit erklärt, dem Flammenbund als – nun, als Präsidentin – vorzustehen. Er fand in der Eile wohl kein anderes Wort.

Aber wir waren ebenfalls gereizt, wir sahen in Gedanken schon die Insel von Wandervögeln, nackten Menschen und Handlungsreisenden überflutet, und das gab uns Mut. Der Loreley erhob seine Stimme und wurde ganz pathetisch:

»Nein – wir wollen nicht mehr – wir brauchen keine

Springmäuse und keine Vereinsbrüder – wir wollen keinen Flammenbund – wir haben genug an den Blattern« – seine Stimme überschlug sich. Hieronymus aber blieb wie angewurzelt stehen, mit seinem Brehm unter dem Arm, das Monokel hing schlaff herab, und er sah sprachlos zu uns herüber. Dann ging er in das Haus.

Monsieur Mouton, der dieser Szene beigewohnt hatte, war außer sich vor Vergnügen und beteuerte wiederum, Hieronymus sei ein Revenant. Auch wir begannen uns dieser Ansicht immer mehr zuzuneigen. Sein ganzes Tun und Treiben mit dem Krokodil und den Springtieren trug tatsächlich ein gespenstisches Gepräge, und er hatte eine Art, Tatsachen und Wirklichkeiten zu ignorieren, die uns immer wieder in Erstaunen setzte.

So hatte er am nächsten Tage anscheinend alles vergessen, tat, als ob überhaupt nichts weiter vorgefallen sei, und zähmte die Wüstenmäuse.

Schwester Hildegard war bald wiederhergestellt, und wir wollten mit dem nächsten Schiff fort, aber Mynheer hetzte uns die Gesundheitspolizei auf den Hals, und man verhängte eine vierwöchige Quarantäne über uns, ehe wir abreisen durften. Zudem steigerte er uns den Pensionspreis ins Ungeheuerliche unter dem

Vorwand, wir hätten ihm die Blattern ins Haus geschleppt und die Kundschaft verscheucht. Da wir nicht darauf eingingen, verklagte er uns. Wir erhoben Gegenklage unter Hinweis auf die sinkende Mauer und den linken Flügel und behaupteten, die »Schwankende Weltkugel« sei in baulicher wie in sittlicher Beziehung ein gefährlicher Aufenthalt. Nur die Erkrankung der Schwester habe uns gezwungen zu bleiben, so dass dem Hauswirt aus der Blatternaffäre noch materielle Vorteile erwachsen wären. Dagegen trat nun wieder Hieronymus auf, der inzwischen vergessen hatte, dass er eigentlich in freundschaftlichen Beziehungen zu uns stand, und gab an, dass er längst das Europäerviertel für seine Flammenbündler habe mieten wollen, während Mouton die Gelegenheit ergriff, um seine Forderung an den Hauswirt geltend zu machen. Er wollte durchaus den Beweis antreten, dass dieser ein Schurke und Hieronymus Edelmann ein Gespenst sei. Auf letzteren Umstand legte der Untersuchungsrichter kein besonderes Gewicht. Im Gegenteil, man begann zu zweifeln, ob Monsieur Mouton bei normalem Verstand sei, und das machte die Gegenpartei sich natürlich zunutze.

So tobte der Kampf hin und her, und es bestand keine Aussicht, dass der Prozess jemals ein Ende nehmen würde.

Mittlerweile war auch die stellenlose Gesellschaftsdame in das Gartenhäuschen übergesiedelt. Kopf an Kopf standen wir am Fenster, als sie ihren Einzug hielt. Wir sahen, wie Hieronymus ihr das Krokodil und die Springmäuse, die inzwischen wirklich gelernt hatten, aus der Hand zu fressen, vorstellte. Übrigens mussten wir wieder einmal Monsieur Mouton recht geben – so wenig Charme das Krokodil auch hatte, es war ihr immerhin noch vorzuziehen. Wir sahen, dass sie nicht einen Augenblick zusammenzuckte, sondern vertrauensvoll zu Hieronymus aufblickte, und wir begriffen, dass sein Gespensterinstinkt ihn diesmal nicht getäuscht hatte. Diese Dame war sicherlich geeignet, an seiner Seite und von unheimlichem Getier umgeben als Präsidentin des Flammenbundes zu walten.

Nachdem sie sich in ihre Gemächer zurückgezogen, kam er mit strahlendem Monokel unter das Fenster – er hatte wieder vergessen, dass er jetzt im Prozess unser erbitterter Gegner war – und verkündete, dass seine Pläne sich nunmehr aufs Herrlichste entwickelten. Mit dem nächsten Schiff käme eine Reihe von Mitgliedern, und er hoffte, dann würden auch wir anders denken lernen und uns der Sache anschließen.

Uns war schlimm zumut.

Tags darauf kam er vom Hafen zurück und brachte einen dicken fröhlichen Kapitän mit. Es war das keine Seltenheit, denn wenn Hieronymus keine geeigneten Passagiere fand, überreichte er auch dem Kapitän seine Visitenkarte und versuchte, ihn mindestens für einen Abend in das Logierhaus zu bringen. Dieser hier fuhr mit einem kleinen Handelsdampfer und war entzückt über den gastlichen Empfang, der ihm zuteilwurde. Wir aber waren nicht minder froh, einmal wieder ein unbeteiligtes Gesicht zu sehen, und so kam es, dass der schlichte Seemann fast über Gebühr gefeiert wurde und die ganze Gesellschaft auf morgen zu einem Schiffsfrühstück einlud. Punkt zwölf Uhr, denn um zwei sollte in See gestochen werden.

Hieronymus ließ es sich angelegen sein, den Gast zu erfreuen, zog, kaum dass die Mahlzeit beendet war, die Statuten seines Vereins aus der Tasche, erläuterte seine organisatorischen Bestrebungen und suchte ihn dann ohne weiteres für den Flammenbund zu heuern.

Es war nicht ganz klar, ob der biedere Kapitän das alles richtig erfasste, denn er wollte sich halb totlachen und sagte immer wieder: »Ja, das wäre sehr hübsch, aber morgen kommen Sie erst mal zu mir, und dann wollen wir frühstücken.« Eine Welt von Alkohol lag in diesem einen Wort. Ein wenig verstimmt brachte Hieronymus nun das Gespräch auf exotische Tiere und erzählte, dass sein Krokodil seit ein paar Tagen nicht fressen wolle. Es müsse krank sein, und er wollte es ihm durchaus noch bei Nacht und Nebel zeigen, um seinen Rat einzuholen, in der festen Meinung, dass jeder weitgereiste Kapitän auch Sachverständiger in Krokodilangelegenheiten sein müsse. Dieser jedoch – er hieß Petersen – sagte, er selbst verstände nichts davon, aber sein Steuermann, und Hieronymus solle das Tier nur morgen mitbringen. Worauf er wiederholte: »und dann wollen wir frühstücken«, und sich etwas benommen verabschiedete.

Wir anderen erwogen noch spät in der Nacht einen verzweifelten Plan. Kapitän Petersen war uns von Gott gesandt – er wusste nichts von unserer Quarantäne, er wusste überhaupt von nichts, und morgen, wenn man gefrühstückt hatte …

Und ungesäumt ging man zu Werk, während das ganze Logierhaus »Zur schwankenden Weltkugel« in tiefstem Schlummer lag. Wir packten unsere Koffer, schleppten sie selbst an den Hafen hinunter und gewannen einen Bootsmann, der sie auf ein verabredetes Zeichen im letzten Moment an Bord bringen sollte. Als wir gerade die letzten Sachen aus dem Hause trugen, kehrte Monsieur Mouton von seinem nächtlichen Bummel zurück und war sehr erstaunt über unsere Betätigung. Man weihte ihn ein, er wünschte uns alles Gute, war aber überzeugt, dass es uns nicht gelingen würde. Wir überredeten ihn, an dem Frühstück teilzunehmen, und er fuhr denn auch zur festgesetzten Stunde mit uns herüber. Den Ameisenbär wagte er bei der feindseligen Stimmung im Logierhaus nicht allein zu lassen und nahm ihn deshalb mit. Kapitän Petersen war ein wenig verwundert, da er Hieronymus Edelmann mit einem Krokodil erwartet hatte. Dieser aber verspätete sich, was bei ihm häufig vorkam. Er hatte absolut kein Gefühl für Zeit und konnte ebenso gut übermorgen kommen und mit staunendem Monokel nach dem entschwundenen Schiff suchen.

Das Frühstück begann und dauerte fort. Es war eines jener Frühstücke, die nie ein Ende nehmen, die ebenso gut bis zum Jüngsten Tage dauern könnten. Es gab allerlei Delikatessen und vor allem unabsehbare Getränke.

Es wurde eins, es wurde halb zwei, die Schiffsglocke läutete das erste Abfahrtszeichen. – Wir frühstückten, und Hieronymus kam immer noch nicht.

Schwester Hildegard, die noch angegriffen war und keinen Sinn für Gelage hatte, saß in einem Klappstuhl an Deck und hatte Auftrag, den Bootsmann mit unseren Sachen rechtzeitig herbeizuwinken. Von Zeit zu Zeit ging einer von der Gesellschaft hinauf, um ihr zuzusprechen. Denn sie rang mit ihrem Gewissen, ob es auch recht sei, was wir vorhatten. Der Kapitän schwärmte für sie und brachte ihr alle möglichen Leckerbissen – er schwärmte für uns alle und wurde immer aufgeräumter. Punkt dreiviertel zwei, als die Glocke zum zweiten Mal läutete, eröffneten wir ihm, dass wir mitfahren wollten. Er hielt es für einen Scherz und ging nicht weiter darauf ein. Das Trapezmädel war inzwischen an Bord gewesen und flüsterte uns zu, das Gepäck sei schon da, und soeben nahe Hieronymus Edelmann mit seiner Präsidentin und dem Krokodil in einer Barke. Gleich darauf meldete ein Matrose seine Ankunft – die Dame war im Boot geblieben. Der Kapitän ging hinauf, um ihn zu begrüßen, wir folgten. Hieronymus war ungemein aufgeregt – vor einer halben Stunde erst hatte man unseren abermaligen Fluchtversuch entdeckt, und Mynheer hatte ihn hinter uns hergeschickt. Man zerbrach sich den Kopf, wohin wir uns gewandt haben möchten, und darüber war ihm das Frühstück wieder eingefallen. Tot oder lebendig sollte er uns wieder zur Stelle schaffen, und nun schleuderte er uns die furchtbarsten Beschuldigungen entgegen, sprach von den Blattern, dem Prozess und dem Flammenbund ... und zerrte dabei das unglückliche Krokodil an der Kette hin und her.

Wir leugneten einmütig – nein, wir wussten von keinem Prozess und von keinen Blattern. Die Matrosen amüsierten sich königlich, denn inzwischen war auch Monsieur Mouton vorgetreten, und es war ein eigenartiger Anblick, wie die beiden sich mit ihren Haustieren gegenüberstanden und aufeinander einschrien.

Der Kapitän aber wurde sehr ernst. Es war Vorschrift, dass jeder Passagier ein Gesundheitsattest vorweisen musste, er sah auch jetzt, dass es uns Ernst war mitzufahren, und falls er Hieronymus Glauben schenkte, musste er uns für eine Art verseuchter Verbrecherbande halten.

Die Schwester saß immer noch in ihrem Klappstuhl und rang die Hände. Aber beim Anblick des rasenden Hieronymus und seiner Präsidentin zerrannen ihre

Skrupel. Nein, sie wollte nicht in dieses Haus des Lasters zurückkehren. Sie rang die Hände und flehte Gott um ein Wunder an.

In diesem Augenblick der höchsten Spannung vergaß sich das Krokodil und schnappte in auffallender Weise nach dem Ameisenbär, der friedlich neben seinem Herrn stand. Darüber wurde Monsieur Mouton so zornig, dass er ihm einen fürchterlichen Fußtritt gab. Hieronymus fuhr dabei die Kette aus der Hand, und das Krokodil sauste mit einem langen Satz über Bord.

Und nun geschah etwas Unbegreifliches, was man sich weder im Augenblick noch später zu erklären wusste. Hieronymus sprang ihm nach – eine Viertelstunde lang starrte er völlig abwesend und entgeistert durch sein Monokel das entschwindende Ungetüm an und sprang dann ohne weitere Überlegung ebenfalls über Bord in das Meer, das gerade an diesem Tage stark bewegt war.

Alles stand wie angewurzelt, nur drunten im Boot stieß die Präsidentin des Flammenbundes einen gellenden Schrei aus.

Zum dritten Mal ertönte die Schiffsglocke. Von allen Seiten eilten Barken herbei, aber weder Hieronymus noch das Krokodil kamen wieder zum Vorschein.

Der Dampfer setzte sich in Bewegung, der Kapitän gab keinen Gegenbefehl, es wurde überhaupt kein Wort mehr geredet. Wir waren an Bord – unser Gepäck war an Bord – man fuhr ab – wir fuhren mit, auch für Mouton und seinen Ameisenbären gab es kein Zurück mehr. Mochte das Logierhaus in den Boden versinken und die ganze Insel vom Meer verschlungen werden, wie Hieronymus und sein Krokodil – wir kehrten nicht mehr zurück.

Erst weit draußen, als der Hafen längst hinter uns lag, fand man allmählich die Sprache wieder.

Schwester Hildegard wollte wieder von ihren religiösen Bedenken anfangen und fühlte sich schuldig, weil sie um ein Wunder gebetet hatte, das uns retten möchte. Monsieur Mouton aber brachte sie zum Schweigen, indem er sagte: Nein, hiermit habe der liebe Gott nichts zu tun, und wenn überhaupt von einem Wunder die Rede sein könne, so sei es, dass dieser Hieronymus jemals existiert habe, nicht aber sein jäher und spukhafter Untergang. Er selbst, Mouton, der doch durch seinen Fußtritt den Anstoß zur Katastrophe gegeben, spreche sich gleichfalls von jeder Schuld frei, denn Hieronymus – *c'etait un revenant, m'ssieurs et mesdames.*

Wir Übrigen neigten stumm das Haupt.

Kapitän Petersen aber stand nachdenklich und breitbeinig da – jeder Zoll ein Seemann. Er verstand unsere Gespräche nicht, er verstand überhaupt nichts mehr und sagte schließlich kopfschüttelnd: »In die Kajüte, meine Herrschaften. Ich denke, auf den Schrecken ist es am besten, wenn wir erst mal weiter frühstücken.«

Der Herr Fischötter

Es war in einem Seebad – wir amüsierten uns ausnahmsweise wirklich gut und hatten uns unter anderem mit einem Rechtsanwalt befreundet, den wir sehr schätzten. Er hieß Berger und war ein angenehmer Gesellschafter, nur hatte er einige Sonderbarkeiten, die man sich nicht recht zu erklären wusste. Zum Beispiel, wenn wir alle zusammen baden gingen, uns stundenlang im Wasser und am Strande ergötzten oder müde und gesprächig in der Sonne lagen, tat er niemals mit, sondern verschwand, sowie nur davon die Rede war. Und es war auffallend, wie er jedes Mal zusammenfuhr, wenn von Baden, Wasser, Schwimmen und dergleichen gesprochen wurde. Überhaupt litt er manchmal an scheinbar völlig unmotivierten Depressionszuständen, und es war dann nichts mit ihm anzufangen. Sein offenes, heiteres Wesen verkehrte sich ohne jeden Übergang in düstere Verschlossenheit, so dass keiner von uns sich getraut hätte, teilnehmende oder persönliche Fragen an ihn zu richten.

Waren wir unter uns, so unterhielten wir uns des Öfteren darüber und konnten nicht aus ihm klug werden. Vor allem seine rätselhafte Wasserscheu blieb uns unbegreiflich. Dass es ihm an Mut fehlte, war wohl ausgeschlossen, dass er nicht schwimmen konnte und sich zu blamieren fürchtete, sehr unwahrscheinlich. Er hätte es dann ja auch lernen können. – Oder sollte es am Ende Prüderie sein? Vielleicht nahm er Ärgernis an unserem zwanglosen Treiben, umging es, daran teilzunehmen, und badete heimlich alleine.

Wir versuchten nun in dieser Richtung Beobachtungen anzustellen, benahmen uns, wenn der Rechtsanwalt zugegen war, noch zwangloser wie sonst. Die Unterhaltung gestaltete sich immer frivoler, es wurde kokettiert und geliebelt, pikante Anekdoten erzählt, kurz, der ganze Ton kam bedenklich herunter. Bei unseren Spaziergängen veranstalteten wir gemeinsame Luftbäder auf Waldwiesen – aber der Rechtsanwalt machte alles fröhlich und unbefangen mit und genoss es sichtlich, sich in einem Milieu zu bewegen, das raffinierte Kultur atmete und doch von jeder Konvention frei war. Nur wenn vom Baden die Rede war, zog er sich nach wie vor verstimmt zurück.

Kurz, unsere Methode blieb ganz ohne Erfolg, wir

gaben es auf und trösteten uns damit, dass sein Seelenleben uns ja eigentlich gar nichts anging und für unsere freundschaftlichen Beziehungen ganz unwesentlich war. Wir ließen den schlechten Ton wieder fahren und milderten unser Benehmen auf seine ursprüngliche Dezenz zurück. Der Rechtsanwalt schien es zu bedauern, fügte sich aber darein. Das Leben ging seinen Gang, und die Hochsommerhitze schläferte unser Interesse für diese Fragen immer mehr ein.

Aber dann geschah es, dass wir an einem schwülen Augustabend in einer kleinen Gastwirtschaft saßen. Wir führten ziemlich langweilige und matte Gespräche – da kam ein alter Förster, den wir kannten, durch den Garten, blieb an unserem Tisch stehen und erzählte, ihm sei heute ein seltenes Wild vor die Flinte gekommen. Um uns liebenswürdig zu zeigen, heuchelten wir lebhafte Neugier. – Er warf seinen schweren Rucksack auf einen Stuhl, knüpfte ihn auf und der runde Kopf eines ansehnlichen Fischotters kam zum Vorschein. Wir bewunderten ihn und machten dem Alten Komplimente, obgleich wir keinen rechten Begriff von dem Wert, der Seltenheit, ja überhaupt von dem Vorhandensein dieses Tieres in der Naturgeschichte hatten. Dann bemerkten wir, dass der Rechtsanwalt den

Otter geradezu entsetzt anstarrte, und lachten darüber, aber das Lachen verging uns, als er von seinem Platz auffuhr und den Förster mit fürchterlicher Stimme anschrie: »Fort damit – schaffen Sie ihn weg – der verfluchte Kerl ist an allem schuld.«

Es folgte eine peinliche Szene, umso peinlicher, als keiner von den Anwesenden ahnte, was es zu bedeuten habe, und man sich deshalb jeder Einmischung enthalten musste.

Der würdige Förster war einen Moment sprachlos, als der elegante Herr im Tennisanzug so auf ihn losfuhr, dann beschuldigte er ihn in bitteren Worten des Wahnsinns, und als der Rechtsanwalt erregt antwortete: noch sei er bei klarem Verstand, aber wenn man die verfluchte Bestie nicht rasch fortschaffe, stehe er für nichts – da maß der alte Mann ihn mit einem prüfenden Blick, wich einen Schritt zurück und sagte langsam: »Jetzt erkenne ich Sie – was hat das unschuldige Tier damit zu schaffen? – Sie – Sie waren es, der zum Unglück noch die Schuld fügte. – Unseliger Mensch – ich war dabei, wie man Ihr Opfer aus dem Walde trug. – Möge Gott Ihnen Frieden geben!«

Der Rechtsanwalt fuhr sich über die Stirn – durch die Haare – und wurde plötzlich ruhig, mehr wie ruhig, alles Leben war aus seinen Zügen gewichen. Dann sagte er mit sichtlicher Anstrengung: »Verzeihen Sie mir – Sie haben wohl recht – ich bin manchmal halb von Sinnen. – Aber ich bitte Sie, schaffen Sie das Tier fort – – ich kann es nicht sehen.« – –

Er drückte dem Alten sichtlich erschüttert die Hand und wiederholte »Verzeihen Sie mir!« – Der schüttelte den grauen Kopf, wünschte uns guten Abend und ging. Den toten Otter nahm er mit, und wir fühlten uns etwas erleichtert. Uns fing an vor ihm zu grauen, wie ein Unhold aus dem Märchen hatte er dagelegen und uns aus seinen halboffenen, verglasten Augen angesehen, während die beiden Männer sich gegenüberstanden und von furchtbaren Dingen redeten.

Berger setzte sich, er zitterte an allen Gliedern, und es dauerte eine Weile, bis er sich wieder gefasst hatte. Verstört sah er sich dann im Kreise um und sagte: »Ich muss auch Sie alle um Verzeihung bitten, meine lieben Freunde, aber vielleicht weiß einer oder der andere von Ihnen aus eigener Erfahrung, dass es Momente gibt, wo einem die Sache über den Kopf wächst und man seiner selbst nicht mehr Herr ist. – Ja, und nach diesem bedauerlichen Auftritt bin ich Ihnen wohl eine Erklärung schuldig. Sie möchten nach den Worten des Alten sonst wohl den Verdacht hegen, dass ein Mörder und Verbrecher unter Ihnen weilt – –«

Hier brach er ab und verfiel wieder in dumpfes Sinnen. »Mörder – o lächerlich – es war mein gutes Recht – einer von uns musste fort – und der Verbrecher war er – aber muss er denn immer wieder kommen und mich mit seinen schrecklichen Augen ansehen?«

Er stand noch einmal auf, ging ein paar Minuten auf und ab, schob den Stuhl fort, auf dem der Otter gelegen hatte, und erzählte uns dann seine Geschichte.

Vor einigen Jahren hatte er schon einen Sommer hier zugebracht, mit einem Mädchen, das er grenzenlos und leidenschaftlich liebte und mit dem er sich nach Ablauf der Saison zu verloben gedachte. Ein Geschöpf von seltenem Liebreiz war sie gewesen und die langen Sommermonate so still, glühend und heiter, dass er wie in einem unwahrscheinlichen Glückstraum zu leben meinte.

Den größten Teil des Tages brachten sie am Strande zu. Er selbst war nur ein mäßiger Schwimmer, da er gerade zu diesem Sport in seiner Jugend wenig Gelegenheit gehabt. Das Mädchen dagegen – sie hieß Alwine – schien mit dem Wasser und mit allen Schwimmkünsten so vertraut, dass man hätte glauben können, es sei ihr eigentliches Element, in dem sie geboren und aufgewachsen war. Die leidenschaftliche Liebe, mit der sie dem Meer zugetan war, konnte ihn manchmal fast beunruhigen. Wenn die sonst so Ruhige und Besonnene lachend und jubelnd in den Wellen auf und nieder tauchte, überkam ihn ein Gefühl, das der Eifersucht verwandt war – als gäbe es noch etwas in ihrem Wesen, woran er nicht teilhaben konnte. Sie sagte auch selbst, ihr sei im Wasser zumut, als ob sie sich in einem fremden Dasein herumtreibe, das mit ihrem sonstigen Leben gar nichts gemein habe.

Dann kam ein fremder Herr in den Badeort. Am Morgen nach seiner Ankunft waren sie unangenehm überrascht, als der neue Gast am Strande erschien. Aber er hielt sich in diskreter Ferne, schwamm weit hinaus, so weit, dass man sich leise beunruhigt fühlte, kehrte jedoch wohlbehalten zurück und unternahm wohl eine Fußtour, denn sie bekamen ihn den ganzen Tag nicht mehr zu Gesicht. Am nächsten Morgen war er wieder da, sie sahen ihn in einer nahen Badehütte verschwinden, und bald darauf schwamm er hinaus, kehrte wieder um und näherte sich dem Platz, wo die beiden Liebenden zu baden pflegten. Das Mädchen war schon eine Zeitlang im Wasser, während der Rechtsanwalt sich noch nicht entschließen mochte, sondern im Sande lag, ihr nachsah und überlegte, was zu tun sei, um jedem Bekanntwerden mit diesem Fremden auszuweichen. Er rief Alwine zu, sie möge nicht so weit hinausgehen, aber sie hörte es wohl nicht mehr, sie trieb auf dem Rücken, schaute in den blauen Sommerhimmel hinauf und lebte ganz in ihrer fernen Wasserwelt. Der Fremde schwamm in langen Zügen auf sie zu, er schwamm auf eine sonderbare Weise, bald geradeaus und auf dem Rücken, bald warf er sich auf die Seite, dass das Wasser aufspritzte und sein Kopf bei jedem Stoß emporfuhr und er so eine Art Halbkreis beschrieb, dann wieder tauchte er unter, tauchte unwahrscheinlich lange und kam eine ganze Strecke weiter wieder zum Vorschein. Jedenfalls war er ein ausgezeichneter Schwimmer, und der Rechtsanwalt fühlte etwas wie Neid. Er stand auf, begab sich nun ebenfalls ins Wasser und suchte Alwine einzuholen. Als er noch ungefähr zehn Schritte von ihr entfernt war, drehte sie sich auf die Seite und wandte den Kopf nach dem Fremden, der immer näher kam. Gleichzeitig tauchte dieser unter und dicht vor dem Mädchen wieder empor – deutlich sah man seinen runden, auffallend runden, glattgeschorenen Kopf mit den kreisförmigen, etwas trüben Augen. Der Kopf machte eine Art Verbeugung, und der fremde Herr sagte höflich und reserviert: »Gestatten Gnädige – mein Name ist Fischötter.«

Und Alwine – sie wurde leichenblass und schrie so grauenhaft, wie er noch nie einen Menschen hatte schreien hören, schlug um sich, dass die nassen Arme in der Sonne funkelten, und schwamm in rasender Eile davon. Sie mochte den Fremden mit dem runden Kopf und dem sinnlosen Namen wohl für einen Spuk gehalten haben und wollte ihm entfliehen.

Der Rechtsanwalt nahm alle seine Kräfte zusammen, und der Fischötter schoss neben ihm dahin wie ein Pfeil, aber als sie noch ein gutes Stück von ihr entfernt waren, schrie sie wiederum auf, reckte sich noch einmal empor und versank vor ihren Augen.

Rascher wie er war der andere zur Stelle, aber Alwine kam nicht mehr zum Vorschein.

Inzwischen waren Leute, die am Ufer standen, aufmerksam geworden, Berger winkte ihnen, und sie ruderten rasch mit einem Boot heran. Der Fischötter schwamm immer wieder im Kreise um die Stelle herum, wo das Mädchen versunken war, tauchte wiederholt und brachte endlich den leblosen Körper an die Oberfläche. Man hob ihn in das Boot, und die erschöpften Schwimmer stiegen ebenfalls ein.

Keiner sprach ein Wort. Der Rechtsanwalt war wie betäubt vor Qual und Entsetzen, und der Fischötter saß ebenfalls stumm da. Von seinem runden Kopf rannen die Wassertropfen, und die glasigen, runden Augen blickten in hilflosem Schrecken bald auf das Mädchen, bald auf ihren Geliebten. Er musste wohl dunkel fühlen, dass er allein die Schuld an dem Unglück trug, aber er konnte es nicht fassen, wusste es sich in keiner Weise zu erklären. Er hatte seine Künste produziert, sich einer schwimmenden Dame vorgestellt, und die Dame war ertrunken. Aber warum und weshalb? –

Der Rechtsanwalt aber fühlte einen wahnwitzigen Groll in sich aufsteigen gegen diese elende Kreatur, die ihn um sein Liebstes gebracht. Erst in dieser schrecklichen Stunde ging ihm das volle Verständnis für die seltsame Empfindungswelt seines Mädchens auf, von der sie ihm so oft gesprochen. – Wäre der Herr Fischötter ihr am Festlande oder im Salon begegnet, so hätte sie vielleicht Vergnügen an ihm gefunden – so aber musste sie elend durch ihn zugrunde gehen. Und Berger selbst fing allmählich an, ihn für eine Spukgestalt zu halten, wie er triefend, bloß und glasäugig neben der Leiche saß, einem Ungeheuer gleich, das seine Beute bewacht.

Am Ufer angelangt erwachte er wieder zum Bewusstsein der Wirklichkeit, ordnete rasch an, dass man Alwine in das Hotel tragen und einen Arzt rufen solle. Vielleicht, mein Gott, vielleicht war ja noch Hoffnung.

Dann wandte er sich nach dem Fremden um, der immer noch wortlos, triefend und devot dastand, und sagte kurz: »Ich werde Ihnen heute noch meinen Sekundanten schicken – mein Name ist Doktor Berger.« – Und bestürzt murmelte der andere: »Gestatten Sie, mein Name ist –« Fischötter, wollte er murmeln, aber das Wort erstarb ihm auf den Lippen, denn Doktor Berger herrschte ihn mit furchtbarer Stimme an: »Halten Sie ein – kein Wort mehr – nie wieder!«

Damit ließ er ihn stehen und eilte in das Hotel.

Alle Wiederbelebungsversuche waren umsonst – die Geliebte war tot und sein Lebensglück vernichtet.

Am nächsten Morgen wurde das Duell ausgetragen. Dumpf, verstört, halb fühllos von all dem Jammer und von der durchwachten Nacht kam er zum Rendezvous. Als er seinen Gegner vor sich sah, angekleidet, korrekt und in tadelloser Haltung, mußte er sich einen Augenblick besinnen, was das alles heißen sollte und was dieser Mensch ihm eigentlich getan habe. Und schon war er nahe daran, ihm die Hand zu reichen und zu sagen: »Gehen Sie in Gottes Namen Ihrer Wege!« – Aber als dann der andere sich nochmals vorstellen wollte und mit etwas belegter Stimme begann: »Gestatten Sie – mein Name ist –« – da erfasste ihn eine Art Raserei, und er schrie ihm entgegen: »Sie oder ich – für uns beide ist nicht Platz auf der Welt.«

Der Fischötter ergab sich blind und unterwürfig in sein Schicksal, er hatte seit den gestrigen Ereignissen nicht den leisesten Versuch gemacht, sich ihm zu entziehen. Warum er so handelte, ist immer ein Rätsel geblieben.

Stumm wie ein wehrloses Wild stand er da, und zehn Minuten später lag er blutend auf dem grünen Waldboden. Berger aber wusste selber kaum, wie ihm zumute war, er begriff weder sich selbst noch den anderen. Doch wollte er den Brauch nicht verletzen und trat auf den Sterbenden zu, um ihm noch einmal die Hand zu geben, aber als er den runden, glatten Kopf dicht vor sich sah und die kreisförmigen, brechenden Augen ihn trübe und vorwurfsvoll anblickten – da vermochte er es nicht, sondern blieb schaudernd und unschlüssig stehen, bis der alte Förster mit seinen Gehilfen kam und den toten Fischötter forttrug. – –

Der Erzähler schwieg, und auch wir wussten unsere Teilnahme nur durch tiefes Stillschweigen zu bekunden. Nach einer Weile erhob er sich dann und äußerte, er wolle uns jetzt gleich Lebewohl sagen, denn er gedenke morgen abzureisen. Über drei Jahre habe er schwer mit sich gerungen, um dieser Erinnerungen Herr zu werden – immer und überall hätten ihn die brechenden Glasaugen jenes Unglücklichen verfolgt, und in diesem Sommer habe er sich dann entschlossen, wieder hierherzukommen – in der unsinnigen Hoffnung, dass angesichts der nüchternen Tageswirklichkeit das Phantom entweichen möge. Ja, und in unserem Kreise sei ihm so wohl gewesen, dass er wirklich neuen Lebensmut gewonnen habe. Aber nun sei selbst in unserer Mitte der unselige Fischötter in Gestalt eines scheinbar zufällig erlegten Wildes wiederauferstanden, und nun müssten wohl auch wir empfinden, dass unser Verkehr für alle Zeit zerstört sei. Nie wieder würden wir wie bisher in harmloser Fröhlichkeit beisammensitzen können, ohne mit ihm an das tote Tier und an den toten Herrn Fischötter mit den glasigen, gebrochenen Augen zu denken. – –

Wir wussten nichts darauf zu erwidern, wir fühlten, dass er wohl recht hatte und dass auch unsres Bleibens hier nicht mehr lange sein würde. So schüttelten wir ihm bewegt die Hand und sahen ihm nach, wie er müde und gebeugt durch den dunklen Wald davonschritt.

Anhang

Zu dieser Ausgabe

Die Texte der vorliegenden Ausgabe folgen der Erstveröffentlichung in:

> Franziska Gräfin zu Reventlow: Das Logierhaus »Zur schwankenden Weltkugel«. Novellen und Skizzen. München: Albert Langen, 1917. S. 103–110: *Das feindselige Gepäck*; S. 7–39: *Das Logierhaus zur schwankenden Weltkugel*; S. 64–76: *Der Herr Fischötter.*

Die Orthographie wurde auf der Grundlage der gültigen amtlichen Rechtschreibregeln modernisiert, der Lautstand blieb gewahrt. Offensichtliche Druckfehler wurden korrigiert, grammatische Eigenheiten blieben unangetastet. Der Wechsel von Frakturschrift zur Antiqua bei fremdsprachigen Ausdrücken wird hier kursiv wiedergegeben.

Anmerkungen

7,19 *Kabinenkoffer:* kleiner Koffer.

7,19 f. *Dressing-bag:* kleine Reisetasche, etwa für Waschartikel, Kosmetika und Medikamente.

9,7 *Effekten:* beweglicher Besitz; hier ist das Gepäck gemeint.

10,3 *Reiseparvenüs:* Möchtegernreisende.

10,10 *Plaidtasche:* Tasche zum Transport einer Reisedecke.

11,20 *Argusaugen:* Argus: hundertäugiger Riese aus der griechischen Mythologie, der Io, die Geliebte des Zeus, im Auftrag seiner eifersüchtigen Gattin Hera bewachen sollte. Immer ein Augenpaar schlief, während die übrigen wachten.

13,6 *Coupé:* Zugabteil.

20,5 *um einige Zoll:* Zoll: altes deutsches Längenmaß; 1 Zoll = 2,3–3 cm.

20,14 *Matin: Le Matin* (»Der Morgen«) war eine französische Tageszeitung, die von 1882 bis 1944 erschien. Als Reventlows Erzählband erschien, aus der die vorliegenden Texte stammen, war sie eine der vier auflagenstärksten Zeitungen Frankreichs.

20,16 *Absinth:* alkoholisches Getränk aus Wermutkraut, Anis und Fenchel von charakteristischer grüner Farbe; wird aufgrund seines oft hohen Alkoholgehalts meist mit Wasser gemischt getrunken. Im 19./20. Jahrhundert war Absinth ein regelrechtes Modegetränk.

23,7 *mesquines*: (frz.) dürftiges.

30,18 *Hay viruelas!:* (span.) Achtung, Viren!

33,1 *eh bien, nous verrons:* (frz.) nun, wir werden sehen.

33,11 *Revenant:* (frz.) Wiedergänger, Gespenst, Untoter.

34,6 f. *Oui, Oui, Oui, m'ssieurs, mesdames, c'est un revenant:* (frz.) Ja, ja, ja, meine Herren, meine Damen, das ist ein Wiedergänger.

39,17 *atzen:* (jägersprachlich) füttern; hier: verköstigen.

45,22 *ungesäumt:* zügig, ohne Zögern.

50,23 *c'etait un revenant, m'ssieurs et mesdames:* (frz.) Es war ein Wiedergänger, meine Herren und Damen.

Nachbemerkung

Auf einer Mittelmeerkreuzfahrt unter der Reiseleitung eines Archäologen kommt einer Reisegruppe auf mysteriöse Weise immer mehr von dem Gepäck abhanden, das der umständliche »Reisemarschall« zur Anschaffung empfohlen hatte. Kein Wunder, hatte doch der vornehme Araber auf dem Schiff schon gleich zu Anfang prophezeit, dass auch scheinbar leblose Dinge wie Koffer, Taschen und Klappstühle eine Seele hätten. Wer nicht mit ihnen in einem »inneren Kontakt« stehe, müsse auf der Hut sein. Und wirklich: »Fremd und verächtlich sahen« die Gepäckstücke »uns an, halb schadenfroh und dann wieder, als ob sie sich unserer schämten, uns für Reiseparvenüs hielten und sich nicht mit uns identifizieren wollten.« Auch Gepäck kann feindselig sein.

Auf einer spanischen Insel wiederum gerät eine Reisegesellschaft in die Fänge eines seltsamen Herrn, der sie in eine einigermaßen baufällige Pension in Strandnähe, das »Logierhaus zur schwankenden Weltkugel«, lockt. Gemeinsam mit den übrigen Gästen, allesamt Opfer des nervtötenden Hieronymus Edelmann, sitzt man im Garten und schmiedet Fluchtpläne, die alle misslingen. Dahinter kann nur Edelmann stecken, von dem einer der Gäste, Monsieur Mouton, vermutet, er sei gewiss ein Gespenst, ein Wiedergänger. Zum Schluss glückt die dramatische Flucht von der Insel doch noch.

Die dritte Novelle, auch diese in der Wir-Form erzählt, spielt in einem Seebad, wo man sich mit Herrn Berger, einem Rechtsanwalt und angenehmen Gesellschafter, ein wenig anfreundet. Als der mitunter verschlossen und fast depressiv wirkende Berger eines Tages im Rucksack des Försters einen erschossenen Fischotter erblickt, verliert er die Fassung. Berger offenbart nun endlich, dass ein rundköpfiger, glasäugiger Herr namens Fischötter ihm einst seine große Liebe genommen und sein Lebensglück zerstört habe.

Alle drei Erzählungen haben einen auffälligen Zug ins Phantastische, sind dabei aber ganz diesseitig-heiter, lakonisch und flott geschrieben. Die Autorin, Franziska Gräfin zu Reventlow, auch als Schwabinger

Skandalgräfin bekannt, hatte ein bewegtes Leben. Die Tochter eines preußischen Landrats und einer geborenen Reichsgräfin zu Rantzau, kam 1871 in Husum zur Welt und wuchs im elterlichen Schloss unter Bedingungen auf, die ihre gesamte Biographie bestimmen sollten. Fanny (erst später nennt sie sich Franziska) will sich nicht in das vorgegebene Schema einer Tochter aus adligem Hause zwingen lassen, das ein Leben als Ehefrau, mit Handarbeiten und Kaffeeklatsch bedeutet hätte. Das Verhältnis zur Mutter ist angespannt, schwankt zwischen Zuneigung und Hass. Die Mutter ist kühl und distanziert, die Tochter lechzt nach Liebe. Fanny kommt mit fünfzehn in ein Internat für adlige Töchter, damit sie aus dem Haus ist.

Als die Familie 1890 nach Lübeck umzieht, überzeugt sie die Eltern, einen Beruf erlernen zu dürfen, und besucht ein Lehrerinnenseminar, das sie zwei Jahre später abschließt. Sie darf nun an höheren und mittleren Mädchenschulen unterrichten. Doch schon zieht ein neues Gewitter am Horizont auf: Fanny hat während ihrer Ausbildungszeit nicht nur im berüchtigten »Ibsen-Club« verkehrt, in dem man gesellschaftskritische Literatur, Bebel, Zola, Tolstoi und Nietzsche, las und diskutierte, sondern ist auch noch ein unerlaubtes Verhältnis mit einem Jugendfreund aus Lübeck eingegangen. Die Eltern finden die Liebesbriefe und sind empört. Fanny wird zur Strafe aufs Land in eine Pastorenfamilie verbannt. Als sie von dort zu Bekannten nach Wandsbek flieht, verstoßen die Eltern sie endgültig.

In Wandsbek lernt die junge Frau den Gerichtsassessor Walter Lübke kennen; er finanziert ihr einen Kurs an einer Münchner Malschule. 1894 heiratet Fanny ihren Gönner. Doch die Ehe geht nicht lange gut, Fanny strebt in ihrem Lebens- und Liebeshunger nach Freiheit, reist immer wieder nach München, um ihr Studium der Malerei fortzuführen. 1895 trennt sich das Paar, 1897 folgt die Scheidung wegen »fortgesetzter Untreue« der Ehefrau.

Franziska zu Reventlow lebt nun allein, aber endlich unabhängig, wie es immer ihr Wunsch war, in München und muss selbst für ihren Lebensunterhalt sorgen. Das geht sie mit großem Einfallsreichtum, jedoch meist erfolglos an: Sie eröffnet unter anderem ein Milchgeschäft, das bald pleitegeht, nimmt Massageunterricht, arbeitet als Aktmodell, versucht sich als Schauspielerin und verkauft sich gelegentlich an Männer, wie sie in ihrem Tagebuch vermerkt. Ein immerhin regelmäßiges, aber schmales Einkommen verdient sie als Übersetzerin von Romanen aus dem Französischen für den Verlag Albert Langen. Sie verkehrt in der Schwabinger Künstlerszene, lernt dort zahlreiche Maler und Schriftsteller kennen, darunter auch Rainer Maria Rilke und Frank Wedekind. Aus einer ihrer zahlreichen Liebesaffären bekommt sie 1897 einen Sohn, Rolf, genannt »Bubi«, die einzige Konstante in ihrem Leben. Bubi darf alles und genießt eine mehr oder weniger antiautoritäre Erziehung.

1910 flieht Franziska zu Reventlow vor ihren Gläubigern in die Schweiz, nach Locarno. Eine 1911 inszenierte Scheinehe mit einem baltischen Baron soll dem Mann zu seinem Erbe und ihr endlich zu Geld verhelfen. Über die Trauung – die beiden Brautleute äußerst unkonventionell gekleidet, der Brautvater in Frack und Zylinder – berichtet der Sohn Rolf Folgendes: Der Bräutigam habe den Pastor gebeten, nur ja keine Predigt zu halten, sonst breche seine Frau in Lachen aus. Doch der Pastor sei vom alten Baron bestochen worden und habe eine schöne Predigt gehalten, während die Festgesellschaft hinten in der Kirche sich Taschentücher vor den Mund gehalten habe, um nicht zu lachen. Auch dieses Mal wird es nichts mit dem Reichtum: Das Geld aus dem

Ehevertrag hatte Reventlow bei einer Bank angelegt, die bankrottgeht. Ihre letzten Jahre bis zu ihrem Tod 1918 verbringt sie in der Schweiz, in gewohnter Geldknappheit.

Als Malerin ist Franziska Gräfin zu Reventlow vergessen, doch ihre Romane und Erzählungen werden bis heute gelesen. Gerade in ihren kurzen Texten, etwa in der Novellensammlung *Das Logierhaus zur schwankenden Weltkugel*, aus der die hier ausgewählten Texte stammen, findet die Autorin einen ganz eigenen Ton: knapp, ironisch, präzise.

Man möchte bei keiner der hier beschriebenen Reisen dabei gewesen sein, doch liegt man am Strand oder sitzt bequem unter rauschenden Bäumen, lesen sich Franziska zu Reventlows heiter-skurrile Geschichten sehr behaglich.

Inhalt